机动车系列车型查验辅助手册

挂车
查验辅助手册

公安部道路交通安全研究中心 编

人民交通出版社股份有限公司
北京

内 容 提 要

本书介绍了挂车的车型分类，公安机关交通管理部门办理挂车登记业务时需查验的项目，及其配套的查验方法、合格判定要点、标准依据、常见不合格情形及相关工作要求等内容。

本书可供公安机关交通管理部门机动车登记查验相关岗位人员学习使用。

图书在版编目（CIP）数据

挂车查验辅助手册 / 公安部道路交通安全研究中心编. — 北京：人民交通出版社股份有限公司，2021.8

（机动车系列车型查验辅助手册）

ISBN 978-7-114-17423-0

Ⅰ.①挂… Ⅱ.①公… Ⅲ.①挂车—检测—手册 Ⅳ.①U469.6-62

中国版本图书馆CIP数据核字（2021)第110309号

机动车系列车型查验辅助手册

书　　名：	挂车查验辅助手册
著　作　者：	公安部道路交通安全研究中心
责任编辑：	刘　博
责任校对：	孙国靖　魏佳宁
责任印制：	张　凯
出版发行：	人民交通出版社股份有限公司
地　　址：	（100011）北京市朝阳区安定门外外馆斜街3号
网　　址：	http://www.ccpcl.com.cn
销售电话：	（010）59757973
总　经　销：	人民交通出版社股份有限公司发行部
经　　销：	各地新华书店
印　　刷：	北京盛通印刷股份有限公司
开　　本：	880×1230　1/32
印　　张：	2.5
字　　数：	68千
版　　次：	2021年8月　第1版
印　　次：	2023年11月　第4次印刷
书　　号：	ISBN 978-7-114-17423-0
定　　价：	20.00元

（有印刷、装订质量问题的图书由本公司负责调换）

编 写 组

舒 强 尤 宁[1] 王艺帆 曾祥凯
周文辉 唐翠翠 马明月 梁 元
汤 婷 赵光明

---

[1] 尤宁就职于河南安阳车辆管理所。

前言 PREFACE

  本手册中"挂车"采用《机动车运行安全技术条件》（GB 7258—2017）的定义，即"设计和制造上需由汽车或拖拉机牵引，才能在道路上正常使用的无动力道路车辆"，包括牵引杆挂车、中置轴挂车和半挂车。

  挂车是道路运输行业发展的重要工具，采用挂车运输是提高经济效益最有效而简单的重要手段，具有迅速、机动、灵活等优势，但是挂车结构安全性、整体防护性和行驶稳定性不高，极易引发重特大道路交通事故，是事故源头排查、车辆安全查验的重点车型。从近几年全国挂车注册登记违规情况来看，部分挂车生产企业在生产过程中不严格遵守国家安全技术标准，实际生产与《道路机动车辆生产企业及产品公告》申报状态不一致等问题较为突出，主要存在车辆识别代号打刻不符合国家标准、反光标识不符合国家标准、侧后防护装置不符合国家标准、轮胎规格与《道路机动车辆生产企业及产品公告》不一致、外廓尺寸及整备质量超标、货厢有加高、加宽、加长装置、实车未安装防抱制动装置等问题。为辅助广大查验员快速掌握挂车查验基础知识，提高查验工作效率，编写组以《机动车查验工作规程》（GA 801—2019）、《机动车运行安全技术条件》（GB 7258—2017）等标准为依据，吸收借鉴一线查验员实践经验，总结提炼挂车查验关键点，制作图文、汇集成册。

本手册各章节内容包括：依据《道路交通管理机动车类型》(GA 802—2019)，简要介绍挂车的主要车型分类，以帮助了解挂车的查验技术基础；依据《机动车查验工作规程》（GA 801—2019）和部分车辆管理所查验工作经验，提炼总结出在办理机动车登记业务时挂车需查验的17个项目，以及整体查验流程，以帮助掌握挂车的查验总体要求；针对每个查验项目，以图、文、表相结合的方式，讲解相关查验要求、查验方法、合格判定、常见不合格情形、法规标准依据等，以帮助机动车查验员熟悉挂车的查验具体内容。

编 者
2021年5月

目 录
CONTENTS

一 车型分类 1

二 查验项目 7

三 查验流程 12

四 查验内容 14

一、车型分类

（1）根据《道路交通管理 机动车类型》（GA 802—2019），按挂车规格，可分为重型、中型、轻型、微型挂车。

挂车规格分类

车型	示意图	定义
重型挂车		总质量大于或等于12000kg的挂车
中型挂车		总质量大于或等于4500kg且小于12000kg的挂车
轻型挂车		总质量小于4500kg的挂车
微型挂车		总质量小于750kg的挂车

（2）根据挂车结构，可分为以下类型。

挂车结构分类

车型	示意图	定义
栏板全挂车		载货部位为栏板结构的全挂车，但不包括具有自卸装置的情形
厢式全挂车		载货部位为封闭厢体结构的全挂车；除翼开式车辆外，厢体的顶部应封闭、不可开启
仓栅式全挂车		载货部位的结构为仓笼式或栅栏式的全挂车；载货部位的顶部安装有与侧面栅栏固定的、不能拆卸和调整的顶棚杆，且不应具有货厢液压举升机构
罐式全挂车		载货部位为封闭罐体结构的全挂车
平板全挂车		载货部位的地板为平板结构且无栏板、无锁具、无孔洞等固定货厢（货箱）装置的全挂车
集装箱全挂车		载货部位为骨架结构且无地板，专门运输集装箱的全挂车

一、车型分类

续上表

车型	示意图	定义
自卸全挂车		载货部位的结构为栏板且具有自动倾卸装置的全挂车
特殊用途全挂车		装置有专用设备或器具，用于专项作业或其他特殊用途的非载运货物的全挂车
中置轴旅居挂车		装备有必要的生活设施，用于旅游和野外工作人员宿营的中置轴挂车
中置轴车辆运输挂车		设计和制造上专门用于运输商品车的框架式中置轴挂车
中置轴普通挂车		中置轴旅居挂车和中置轴车辆运输车以外的其他中置轴挂车
栏板半挂车		载货部位为栏板结构的半挂车，但不包括具有自卸装置的情形

续上表

车型	示意图	定义
厢式半挂车		载货部位为封闭厢体结构的半挂车；除翼开式车辆外，厢体的顶部应封闭、不可开启
仓栅式半挂车		载货部位的结构为仓笼式或栅栏式的半挂车；载货部位的顶部应安装有与侧面栅栏固定的、不能拆卸和调整的顶棚杆，且不应具有货厢液压举升机构
罐式半挂车		载货部位为封闭罐体结构的半挂车
低平板半挂车		采用低货台（货台承载面离地高度不大于1150mm）、轮胎名义断面宽度不超过245mm（公制）或者不超过8.25in（英制）、与牵引车的连接为鹅颈式（连接部位不应具有载运货物的功能），用于运输不可拆解大型物体的半挂车
集装箱半挂车		载货部位为骨架结构且无地板，专门运输集装箱的半挂车

一、车型分类

续上表

车型	示意图	定义
自卸半挂车		载货部位的结构为栏板且具有自动倾卸装置的半挂车
平板半挂车		载货部位的地板为平板结构且无栏板、无锁具、无孔洞等固定货厢（货箱）装置的半挂车
车辆运输半挂车		载货部位经过特殊设计和制造，专门用于运输商品车的半挂车
特殊结构半挂车		载货部位为特殊结构，专门运输特定物品的半挂车，但不包括车辆运输半挂车
旅居半挂车		装备有必要的生活设施，用于旅游和野外工作人员宿营的半挂车

续上表

车型	示意图	定义
专项作业半挂车		装置有专用设备或器具，用于专项作业的半挂车
专门用途半挂车		装备有专用设备或器具，但不属于专项作业半挂车的半挂车

二 查验项目

根据《机动车查验工作规程》(GA 801—2019),涉及专用校车查验的项目如下表所示。

挂车查验项目

序号	项目名称	图　　示
1	车辆识别代号	☆LZ9B4OL32K0CSC844☆
2	车辆品牌/型号	(铭牌图)
3	车身颜色	(挂车图)
4	车辆类型	根据现行行业标准《道路交通管理　机动车类型》(GA 802—2019)确定

挂车查验辅助手册

续上表

序号	项目名称	图示
5	号牌板（架）/车辆号牌	
6	车辆外观形状	
7	轮胎完好情况	
8	车辆外廓尺寸	
9	整备质量	

二、查验项目

续上表

序号	项目名称	图　　示
10	轴数/轴距	
11	轮胎规格	
12	车身反光标识	
13	车辆尾部标志板	
14	侧面及后下部防护	
15	灭火器（仅限危化品运输车）	

续上表

序号	项目名称	图示
16	外部标识/文字、喷涂	
17	盘式制动器	
18	防抱死制动装置	
19	安全技术检验合格证明	

二、查验项目

注意事项：

2020年1月1日起出厂的危险货物运输半挂车及三轴栏板式、仓栅式半挂车应装备空气悬架。

三 查验流程

机动车查验工作应坚持"严格、公正、规范、便民"原则，为提高查验工作质量和效率，避免查验项目缺项、漏项，确保查验员准确、高效完成机动车查验，各地总结了多种查验方法，本手册以"点、线、面"查验法为例，介绍挂车查验流程。各地可结合本地实际，创新更多查验工作法。

"点、线、面"查验法指查验员在机动车查验过程中，按照顺时针的方向围绕被查验的车辆，在一个"面"内，对不同"线"上的多个"点"进行的车辆查验合格性确认过程。"点"是指具体的机动车查验项目；"线"是指多个机动车查验项目"点"连接形成的"线"；"面"是指查验员围绕机动车顺时针移动，随站位和视角变换形成的"面"。

以重型栏板半挂车为例，查验方法如下。

"点、线、面"查验方法及内容

步骤	方　位	项　目
1	 车辆正前方	①比对《道路机动车辆生产企业及产品公告》（以下简称"《公告》"）照片； ②车辆外廓尺寸； ③审查安全技术检验报告

三、查验流程

续上表

步骤	方 位	项 目
2	车辆右侧	①比对《公告》照片； ②车辆识别代号（车架及货厢处）； ③车身反光标识； ④侧面防护； ⑤轮胎规格及完好情况； ⑥外部标识/文字、喷涂； ⑦车辆外廓尺寸； ⑧轴数； ⑨轴距； ⑩盘式制动器
3	车辆正后方	①比对《公告》照片； ②车辆外廓尺寸； ③车身反光标识； ④照明与信号装置； ⑤号牌板(架)； ⑥车辆尾部标志板； ⑦后下部防护； ⑧防抱死制动装置
4	车辆左侧	①比对《公告》照片； ②车身颜色； ③车辆识别代号（货厢处）； ④车身反光标识； ⑤侧面防护； ⑥轮胎规格及完好情况

四 查验内容

1 车辆识别代号

1 查验要求

对于申请办理注册登记、转入、转移登记、变更迁出、变更车身颜色、更换车身或者车架、因质量问题更换整车、变更使用性质、重新打刻车辆识别代号、申领、补领机动车登记证书、监督解体的挂车，查验车辆识别代号。

2 查验方法

核对机动车整车出厂合格证明或货物进口证明书及车辆产品标牌标注的车辆识别代号与实车打刻的车辆识别代号内容是否一致；实车查验车辆识别代号打刻位置，打刻字体高度及深度是否符合要求；确认有无明显打磨、挖补、垫片、凿改、重新涂漆（设计和制造上为保护打刻的车辆识别代号而采取涂漆工艺的情形除外）等处理痕迹。

常用工具如下所示。

螺丝刀

强光手电

四、查验内容

除漆剂

手锤

3 合格要点

要点一： 车辆具有唯一的车辆识别代号，其内容要与机动车整车出厂合格证明或货物进口证明书记载及整车产品标牌标明的一致。

车辆识别代号

货厢左侧打刻车辆识别代号

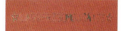
货厢右侧打刻车辆识别代号

要点二： 牵引杆挂车车辆识别代号应打刻在右前轮纵向中心线前端纵梁外侧；半挂车和中置轴挂车车辆识别代号应打刻在右前支腿前端纵梁外侧（无纵梁的除外）。

要点三： 打刻的车辆识别代号从上（前）方应易于观察、拓印，对于挂车还应能拍照。打刻的车辆识别代号的字母和数字的字高应大于或等于 7.0mm、深度应大于或等于0.3mm。打刻的车辆识别代号总长度应小于或等于200mm，字母和数字的字体和大小应相

· 15 ·

同（打刻在不同部位的车辆识别代号除外）；打刻的车辆识别代号两端有起止标记的，起止标记与字母、数字的间距应紧密、均匀。

要点四： 车辆识别代号一经打刻不应更改、变动，但按现行国家标准《道路车辆　车辆识别代号（VIN）》（GB 16735）的规定重新标示或变更的除外。

要点五： 2018年1月1日起出厂的总质量大于或等于10000kg的栏板式、仓栅式、自卸式、罐式挂车，还应在其货厢或常压罐体（或设计和制造上固定在货厢或常压罐体上且用于与车架连接的结构件）上打刻至少两个车辆识别代号；打刻的车辆识别代号应位于货箱（常压罐体）左、右两侧或前端面且易于拍照；且若打刻在货厢（常压罐体）左、右两侧时距货厢（常压罐体）前端面的距离应小于或等于1000mm，若打刻在左、右两侧连接结构件时应尽量靠近货厢（常压罐体）前端面。

4 知识拓展

车辆识别代号的内容和构成要符合现行国家标准《道路车辆　车

四、查验内容

辆识别代号（VIN）》（GB 16735）的规定。

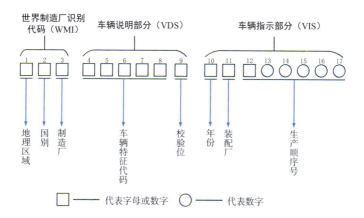

□ —— 代表字母或数字　　○ —— 代表数字

车辆识别代号解析

VIN位数	WMI位数	代码说明
1	1	地理区域代码，如非洲、亚洲、欧洲、大洋洲、北美洲和南美洲
2	2	国家代号
3	3	制造厂代码，由各国的授权机构负责分配

VIN位数	VDS位数	代码说明
4	1	描述车型特征，其代码及顺序由车辆制造厂决定。车型特征描述可包括：①车辆类型；②车辆结构特征（如：车身类型、驾驶室类型、货厢类型、驱动类型、轴数及布置方式等）；③装置特征（如：约束系统类型、发动机特征、变速器类型、悬架类型、制动形式等）；④车辆技术特性参数（如：车辆最大总质量、车辆长度、轴距、座位数等）
5	2	
6	3	
7	4	
8	5	
9	6	校验位，可为"0~9"中任一数字或字母"X"，用以核对车辆识别代号记录的准确性

VIN位数	VIS位数	代码说明
10	1	车型年份
11	2	装配厂。0代表原厂装配
12~17	3~8	生产顺序号。一般情况下，车辆制造厂进行车辆召回时，都是针对某一顺序号范围内的车辆，即某一批次的车辆

挂车查验辅助手册

车辆识别代号年份代码表

年份	代码	年份	代码	年份	代码	年份	代码
2001	1	2011	B	2021	M	2031	1
2002	2	2012	C	2022	N	2032	2
2003	3	2013	D	2023	P	2033	3
2004	4	2014	E	2024	R	2034	4
2005	5	2015	F	2025	S	2035	5
2006	6	2016	G	2026	T	2036	6
2007	7	2017	H	2027	V	2037	7
2008	8	2018	J	2028	W	2038	8
2009	9	2019	K	2029	X	2039	9
2010	A	2020	L	2030	Y	2040	A

5 常见不合格情形

常见不合格情形如下：

平台打磨

打磨后重新打刻

打刻在易拆卸部件

有两组不同的车辆识别代号

打刻深度不够，无法清晰拓印

货箱车辆识别代号打刻在铁皮上

四、查验内容

腐蚀

打刻字码不紧密、均匀

6 标准依据

涉及车辆识别代号查验内容标准见下表。

涉及车辆识别代号查验内容标准

名　　称	章节	条　款
《机动车查验工作规程》（GA 801—2019）	4.1.1	对申请注册登记的机动车，应查验车辆识别代号
	5.11	查验车辆识别代号时，应实车查看车辆识别代号的字母和数字，核对是否与机动车整车出厂合格证明、货物进口证明书、机动车行驶证等凭证或者机动车登记信息一致，确认车辆识别代号有无被凿改等嫌疑；对2018年1月1日起出厂的总质量大于或等于12000kg的栏板式、仓栅式、自卸式、罐式货车及总质量大于或等于10000kg的栏板式、仓栅式、自卸式、罐式挂车，还应查验其货箱或常压罐体上是否按规定打刻了车辆识别代号。办理机动车注册登记、转入、转移登记、变更迁出、更换车身或者车架、更换整车、申领机动车登记证书业务及重新打刻车辆识别代号变更备案时，应核对车辆识别代号拓印膜与实车打刻的车辆识别代号的字体、间距（或拍摄/制作打刻的车辆识别代号1∶1还原照片），使用机动车查验智能终端拍摄打刻的车辆识别代号照片；属于重新打刻车辆识别代号的，收存重新打刻的车辆识别代号拓印膜。注册登记查验时，还应按车辆产品使用说明书（或其他经主管部门认可的技术资料，如车辆产品一致性证书）的标示确定打刻的车辆识别代号的位置是否符合规定，使用机动车查验智能终端对货箱或常压罐体上打刻的车辆识别代号进行拍照
	附录A 表A.1.1	汽车、摩托车、半挂车、2012年9月1日起出厂的中置轴挂车和2014年9月1日起出厂的牵引杆挂车应具有唯一的车辆识别代号，且应至少有一个车辆识别代号打刻在车架（无车架的机动车为车身主要承载且不能拆卸的部件）能防止锈蚀、磨损的部位上，2013年3月1日起出厂的乘用车和总质量小于或等于3500kg的货车（低速汽车除外）还应在靠近风窗玻璃立柱的位置设置能永久保持的、从车外能清晰识读的车辆识别代号标识；轮式专用机械车应在右侧前部的车辆结构件上打刻产品识别代码（或车辆识别代号），如受结构限制也可

续上表

名称	章节	条款
《机动车查验工作规程》（GA 801—2019）	附录A 表A.1.1	打刻在右侧其他车辆结构件上；其他机动车应打刻整车型号和出厂编号，型号在前，出厂编号在后，出厂编号两端应打刻起止标记。2019年1月1日起出厂的，总质量大于或等于12000kg的货车、货车底盘改装的专项作业车及所有牵引杆挂车，车辆识别代号应打刻在右前轮纵向中心线前端纵梁外侧，如受结构限制也可打刻在右前轮纵向中心线附近纵梁外侧；半挂车和中置轴挂车（无纵梁的除外）的车辆识别代号应打刻在右前支腿前端纵梁外侧。 打刻车辆识别代号（或产品识别代码、整车型号和出厂编号）的部件不应有明显的采用打磨、挖补、垫片、凿改、重新涂漆（为保护打刻的车辆识别代号而采取涂漆工艺的情形除外）等方式处理的痕迹；打刻的车辆识别代号应易见且易于拓印，其内容应与相关凭证（机动车整车出厂合格证明、《货物进口证明书》或《机动车行驶证》）记载及整车产品标牌标明的车辆识别代号内容一致，并且不应有明显的更改、变动、凿改、挖补、打磨痕迹或垫片、擅自另外打刻等痕迹；对2018年1月1日起出厂的汽车和挂车，还应能拓照；对摩托车，打刻的车辆识别代号在不举升车辆的情形下可观察、拓印的，应视为满足要求。2014年9月1日起出厂的汽车、摩托车、半挂车和中置轴挂车，打刻的车辆识别代号从上（前）方观察时打刻区域周边足够大面积的表面不应有任何覆盖物；如有覆盖物，覆盖物的表面应明确标示"车辆识别代号"或"VIN"字样，且覆盖物在不使用任何专用工具的情况下能直接取下（或揭开）及复原。 2018年1月1日起出厂的总质量大于或等于12000kg的栏板式、仓栅式、自卸式、罐式货车及总质量大于或等于10000kg的栏板式、仓栅式、自卸式、罐式挂车，还应在其货箱或常压罐体（或固定在货箱或常压罐体上且用于与车架连接的结构件）上打刻至少两个车辆识别代号；打刻的车辆识别代号应位于货箱（常压罐体）左、右两侧或前端面且易于拓照；且若打刻在货箱（常压罐体）左、右两侧时距货箱（常压罐体）前端面的距离应小于或等于1000mm，若打刻在左、右两侧连接结构件时应尽量靠近货箱（常压罐体）前端面。 车辆识别代号的年份位、检验位等内容和构成应符合GB 16735的规定；其中，字母仅能采用大写的罗马字母，但I、O和Q不能使用；数字仅能采用阿拉伯数字0至9；车辆识别代号的第10位为年份位，可为制造车辆的历法年份或车辆制造厂决定的车型年份，但数字0和字母I、O、Q、U、Z不能使用。同一辆车上不允许既打刻车辆识别代号，又打刻整车

四、查验内容

续上表

名　　称	章节	条　　款
《机动车查验工作规程》（GA 801—2019）	附录A 表A.1.1	型号和出厂编号。同一辆车上标识的所有车辆识别代号［包括电子全国道路交通管理标准化技术委员会统一宣贯材料（内部）控制单元记载的车辆识别代号］内容应相同。车辆识别代号（或产品识别代码、整车型号和出厂编号）一经打刻不应更改、变动，但按GB 16735的规定重新标示或变更的除外。2004年10月1日前出厂的改装汽车，可能有两个不同内容的车辆识别代号，此时应有一个车辆识别代号的内容与相关凭证相同。 　　注册登记查验时，发现打刻的车辆识别代号及其附近可视区域存在局部打磨、涂漆等加工处理痕迹时，若上述痕迹不足以影响管理部门对车辆识别代号的识别和认定，不应简单认定为不符合GB 7258国家标准的要求。 　　在用车因腐蚀、交通事故等原因造成打刻的车辆识别代号无法确认需重新打刻的，应按照原号码打刻新的车辆识别代号，且在打刻时不应把原始号码打磨掉；在用车更换车身或车架的，更换的车身或车架上应按规定打刻原车辆识别代号的号码。重新打刻的车辆识别代号的打刻位置，宜尽可能符合GB 7258—2017的4.1.3的规定
《机动车运行安全技术条件》（GB 7258—2017）	4.1.3	汽车、摩托车、挂车应具有唯一的车辆识别代号，其内容和构成应符合GB 16735的规定；应至少有一个车辆识别代号打刻在车架（无车架的机动车为车身主要承载且不能拆卸的部件）能防止锈蚀、磨损的部位上。 　　对总质量大于或等于12000kg的货车、货车底盘改装的专项作业车及所有牵引杆挂车，车辆识别代号应打刻在右前轮纵向中心线前端纵梁外侧，如受结构限制也可打刻在右前轮纵向中心线附近纵梁外侧；对半挂车和中置轴挂车，车辆识别代号应打刻在右前支腿前端纵梁外侧（无纵梁的除外）；其他汽车和无纵梁挂车的车辆识别代号、轮式专用机械车的产品识别代码（或车辆识别代号）应打刻在右侧前部的车辆结构件上，如受结构限制也可打刻在右侧其他车辆结构件上。其他机动车（摩托车除外）应在相应的易见位置打刻整车型号和出厂编号，型号在前，出厂编号在后，在出厂编号的两端应打刻起止标记。 　　打刻车辆识别代号（或产品识别代码、整车型号和出厂编号）的部件不应采用打磨、挖补、垫片、凿改、重新涂漆（设计和制造上为保护打刻的车辆识别代号而采取涂漆工艺的情形除外）等方式处理，从上（前）方观察时打刻区域周边足够大面积的表面不应有任何覆盖物；如有覆盖物，该覆盖物的表面应明确标示"车辆识别代号"或"VIN"字样，且覆盖物在不使用任何专用工具的情况下能直接取下（或揭开）及复原，以方便地观察到足够大的包括打刻区域的表面。

续上表

名　称	章节	条　款
《机动车运行安全技术条件》（GB 7258—2017）	4.1.3	打刻的车辆识别代号（或产品识别代码、整车型号和出厂编号）从上（前）方应易于观察、拓印；对于汽车和挂车还应能拍照。打刻的车辆识别代号的字母和数字的字高应大于或等于7.0mm、深度应大于或等于0.3mm（乘用车及总质量小于或等于3500kg 的封闭式货车深度应大于或等于0.2mm），但摩托车字高应大于或等于5.0mm、深度应大于或等于0.2mm。打刻的整车型号和出厂编号字高应为10.0 mm，深度应大于或等于0.3mm。打刻的车辆识别代号（或产品识别代码、整车型号和出厂编号）总长度应小于或等于200 mm，字母和数字的字体和大小应相同（打刻在不同部位的车辆识别代号除外）；打刻的车辆识别代号两端应有起止标记的，起止标记与字母、数字的间距应紧密、均匀。 车辆识别代号（或产品识别代码、整车型号和出厂编号）一经打刻不应更改、变动，但按GB 16735的规定重新标示或变更的除外。同一辆机动车的车架（无车架的机动车为车身主要承载且不能拆卸的部件）上，不应既打刻车辆识别代号（或产品识别代码），又打刻整车型号和出厂编号。同一辆车上标识的所有车辆识别代号内容应相同。 注：打刻区域周边足够大面积的表面（足够大的包括打刻区域的表面）是指打刻车辆识别代号的部件的全部表面。但所暴露表面能满足查看打刻车辆识别代号的部件有无挖补、重新焊接、粘贴等痕迹的需要时，也应视为满足要求
	4.1.8	除按照4.1.2、4.1.3、4.1.5 标示车辆识别代号之外，总质量大于或等于12000kg 的栏板式、仓栅式、自卸式、罐式货车及总质量大于或等于10000kg 的栏板式、仓栅式、自卸式、罐式挂车还应在其货箱或常压罐体（或设计和制造上固定在货箱或常压罐体上且用于与车架连接的结构件）上打刻至少两个车辆识别代号。打刻的车辆识别代号应位于货箱（常压罐体）左、右两侧或前端面且易于拍照，深度、高度和总长度应符合4.1.3 的规定；且若打刻在货箱（常压罐体）左、右两侧时距货箱（常压罐体）前端面的距离应小于或等于1000mm，若打刻在左、右两侧连接结构件时应尽量靠近货箱（常压罐体）前端面
	4.1.10	对机动车进行改装或修理时，不应对车辆识别代号（或整车型号和出厂编号）、发动机型号和出厂编号、零部件编号、产品标牌、发动机标识等整车标志进行遮盖（遮挡）、打磨、挖补、垫片等处理及凿孔、钻孔等破坏性操作，也不应破坏或未经授权修改电子控制单元（ECU）等记载的车辆识别代号

2 机动车标准照片

1 查验要求

对于申请办理注册登记、转入、转移登记、变更迁出、变更车身颜色、更换车身或者车架、因质量问题更换整车、变更使用性质、监督解体的挂车,应制作或核对机动车标准照片。

2 查验方法

核对厂家配备的机动车彩色照片与实车外观特征、《公告》是否一致;使用查验智能终端(PDA)采集制作的应符合标准照片要求。

3 合格要点

要点一: 机动车彩色照片应当从车后方左侧45°角拍摄。

要点二: 照片中机动车影像应占照片的三分之二,能够清晰辨认车身颜色及外观特征,照片长度为88mm±0.5mm,宽度为60mm±0.5mm,圆角半径为4mm±0.1mm。

4 常见不合格情形

（1）照片中不能清晰辨别车辆前后商标（厂标）和车型文字标识；

（2）照片拍摄角度过小或过大，不能看清车辆前（后）面和侧面的内容；

（3）车辆影像占比不足照片的三分之二；

（4）照片光线过暗或过亮，看不清车辆的特征；

（5）照片中有遮挡物；

（6）车辆没有在固定的查验区拍照。

注意： 新车出厂随车照片不符合要求情形较多，如未随车配发机动车外部彩色相片，不符合《关于进一步加强道路机动车辆生产一致性监管和注册登记工作的通知》（工信部联产业〔2010〕453号）的规定。

5 标准依据

涉及机动车标准照片查验标准见下表。

涉及机动车标准照片查验标准

名　称	章节	条　款
《机动车查验工作规程》（GA 801—2019）	4.1.1	对申请注册登记的机动车，应制作或核对机动车标准照片
《机动车行驶证》（GA 37—2008）	5.1.5.2	机动车外部彩色相片的规格为：长度88mm±0.5mm，宽度60mm±0.5mm，圆角半径为4mm±0.1mm。拍摄汽车相片时，应当从车前方左侧45°角拍摄，拍摄摩托车和挂车相片时，应当从车后方左侧45°角拍摄；机动车拍摄相片时，不悬挂机动车号牌，但已注册登记的机动车需要重新制作行驶证、拍摄相片时，可以悬挂机动车号牌。机动车影像应占相片的三分之二；机动车相片应当能够清晰辨认车身颜色及外观特征
《关于进一步加强道路机动车辆生产一致性监督管理和注册登记工作的通知》（工信部联产业〔2010〕453号）		车辆生产企业要规范整车出厂合格证式样。自2011年1月1日起，汽车（不含三轮汽车和低速货车）、半挂车产品出厂配发整车出厂合格证时要随车同时配发实车车辆识别代号的拓印膜（2份）、实车拍摄的机动车外部彩色相片（2张）

四、查验内容

❸ 车身颜色

1 查验要求

对于申请办理注册登记、转入、转移登记、变更迁出、变更车身颜色、更换车身或者车架、因质量问题更换整车、重新打刻车辆识别代号、申领、补领机动车登记证书的挂车,确定车身颜色。

2 查验方法

查验时按照实车确认车身颜色。

对于单色车辆按照车身基本色调归类;多色车辆只认定面积较大的3种颜色,如颜色为上下结构的,从上向下录入,颜色为前后结构的,从前向后录入;车身上装饰线条不认定车辆颜色。

确认车身颜色为红色

3 合格要点

查验车辆时,按照实车核定车身颜色,核定的车身颜色与机动车整车出厂合格证明、海关《货物进口证明书》等凭证、技术资料记载的内容不一致的,或者车身颜色随观察位置不同及光线明暗会发生变化的,经确认未变更车身颜色的,记录相关情况后办理;变更车身颜色时,按照实车填写车身颜色,车身颜色应与《机动车行驶证》记载的车身颜色相符。

4 标准依据

涉及车身颜色查验标准见下表。

涉及车身颜色查验标准

名　　称	章节	条　　款
《机动车查验工作规程》（GA 801—2019）	4.1.1	对申请注册登记的机动车，应确定车身颜色
	附录A 表A.1.4	注册登记查验时，按照实车核定车身颜色，核定的车身颜色与机动车整车出厂合格证明、海关《货物进口证明书》等凭证、技术资料记载的内容不一致的，或者车身颜色随观察位置不同及光线明暗会发生变化的，经确认未变更车身颜色的，记录相关情况后办理；变更车身颜色时，按照实车填写车身颜色。其他情况下，车身颜色应与《机动车行驶证》记载的车身颜色相符
《机动车出厂合格证》（GB/T 21085—2007）	7.2.9	对于单一颜色车辆，车身颜色宜按照"白、灰、黄、粉、红、紫、绿、蓝、棕、黑"颜色归类填写，也可按照车辆制造企业规定的颜色名称填写；对于多颜色车辆，车身颜色应按照面积较大的三种颜色填写，颜色为上下结构时，从上向下填写，颜色为前后结构时，从前向后填写，颜色与颜色之间加"/"；车身上安装的装饰线、装饰条的颜色，不列入车身颜色
《道路交通管理信息采集规范 第2部分：机动车登记信息采集和签注》（GA/T 946.2—2011）	3.2.1	按照机动车车身基本色调归类录入；多颜色车辆，只录入面积较大的三种颜色；颜色为上下结构的，从上向下录入，颜色为前后结构的，从前向后录入。车身上有装饰线、装饰条的，不按照多颜色车辆录入

4 车辆品牌和型号

1 查验要求

对于申请办理注册登记、因质量问题更换整车的挂车，查验车辆品牌和型号。

2 查验方法

比对机动车整车出厂合格证明（对国产机动车）、进口车辆中英文对照表或车辆产品一致性证书（对进口机动车）等凭证和技术资料上记载的"车辆品牌"和"车辆型号"与整车产品标牌上标明

四、查验内容

的车辆品牌、型号是否一致。

3 合格要求

机动车整车出厂合格证明（对国产机动车）、进口车辆中英文对照表（对进口机动车）等凭证和技术资料上记载的"车辆品牌"和"车辆型号"与整车产品标牌上标明的车辆品牌、型号应相符。

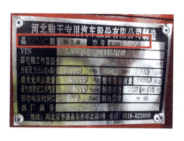

4 常见不合格情形

在机动车整车出厂合格证明中已标明了"车辆品牌"，但在整车产品标牌中却未标注品牌名称。

5 标准依据

涉及车辆品牌和型号查验标准见下表。

· 27 ·

涉及车辆品牌和型号查验标准

名　　称	章节	条　　款
《机动车查验工作规程》（GA 801—2019）	4.1.1	对申请注册登记的机动车，应查验车辆品牌和型号
	附录A 表A.1.3	注册登记查验时，机动车整车出厂合格证明（对国产机动车）、进口车辆中英文对照表（对进口机动车）等凭证和技术资料上记载的"车辆品牌"和"车辆型号"与整车产品标牌上标明的车辆品牌、型号应相符。 对进口车辆中英文对照表未列入车辆品牌/型号的进口机动车，可参照进口机动车辆随车检验单证及其他经主管部门认可的技术资料（如：车辆产品一致性证书），确认车辆品牌/型号的符合性
《机动车运行安全技术条件》（GB 7258—2017）	4.1.1	机动车在车身前部外表面的易见部位上应至少装置一个能永久保持的、与车辆品牌相适应的商标或厂标
	4.1.2	机动车应至少装置一个能永久保持的产品标牌，该标牌的固定、位置及型式应符合GB/T 18411的规定；产品标牌如采用标签标示，则标签应符合GB/T 25978规定的标签一般性能、防篡改性能及防伪性能要求。改装车应同时具有改装后的整车产品标牌及改装前的整车（或底盘）产品标牌。 机动车均应在产品标牌上标明品牌、整车型号、制造年月、生产厂名及制造国，各类机动车产品标牌应标明的其他项目见GB 7258—2017表1。产品标牌上标明的内容应规范、清晰耐久且易于识别，项目名称均应有中文名称

5 车辆外观形状

1 查验要求

对于申请办理注册登记、转入、转移登记、变更迁出、变更车身颜色、更换车身或者车架、因质量问题更换整车、变更使用性质、重新打刻车辆识别代号、申领、补领机动车登记证书的挂车，查验车辆外观形状。

2 查验方法

对实行《公告》管理的国产机动车，实车外观形状应与《公告》的机动车照片一致，但装有《公告》允许选装部件除外。重点检查车辆商标（厂标）、照明灯具、车体周正、车身外部尖锐凸起物及车体是否周正、各零部件是否连接牢固、无缺损等。

3 合格要点

（1）实车外观形状与《公告》车辆照片一致（装有允许选装的部件除外）。其他情况下，车辆外观形状应与《机动车行驶证》上机动车标准照片记载的车辆外观形状一致，但装有允许自行加装的部件除外；机动车标准照片如悬挂有机动车号牌，其号牌号码和类型应与《机动车行驶证》记载的内容一致。

（2）车辆装备的商标（厂标）等应与车辆品牌和型号相适应。

（3）外部照明灯具的透光面均应齐全，对称设置、功能相同的外部照明灯具的透光面颜色不应有明显差异。

（4）仓栅式挂车的顶部应安装有与侧面栅栏固定的、不能拆卸和调整的顶棚杆，且2018年1月1日起出厂的仓栅式挂车顶棚杆间的纵向距离应小于或等于500mm；车辆运输挂车（包括中置轴挂车、半挂车）的后部不应设置有可能用于载运车辆的可伸缩的结构。

（5）平板式挂车的平板不应有插桩结构、凹槽、集装箱锁具等装置，且平板式挂车、仓栅式挂车的载货部位不应具有举升功能或采用自卸结构。

4 常见不合格情形

（1）顶棚杆可以拆卸、顶棚杆间的纵向距离过大。

（2）仓栅式半挂车的载货部位具有举升功能或采用自卸结构。

（3）平板式半挂车的载货部位有锁具装置。

（4）自卸半挂车实车未配备举升液压油箱。

四、查验内容

（5）连接部位、货箱有插桩装置。

（6）实车外部照明灯具与公告照片不一致。

5 标准依据

涉及车辆外观形状查验标准依据见下表。

涉及车辆外观形状查验标准

名　　称	章节	条　　款
	4.1.1	对申请注册登记的机动车，应查验车辆外观形状
《机动车查验工作规程》（GA 801—2019）	附录A 表A.1.7	外部照明灯具的透光面均应齐全，对称设置、功能相同的外部照明灯具的透光面颜色不应有明显差异。机动车配备的后视镜和下视镜应完好。前风窗玻璃及风窗以外玻璃用于驾驶人视区部位的可见光透射比应大于或等于70%；校车，2012年9月1日起出厂的公路客车、旅游客车，2018年1月1日起出厂的设有乘客站立区的客车以及发动机中置且宽高比小于或等于0.9的乘用车，所有车窗玻璃可见光透射比均应大于50%；2012年9月1日前出厂的公路客车和旅游客车，侧窗玻璃的可见光透射比若小于50%，不应视为不符合标准规定。所有车窗玻璃应完好且未粘贴镜面反光遮阳膜；校车、公路客车、旅游客车、设有乘客站全国道路交通管理

续上表

名 称	章节	条 款
《机动车查验工作规程》（GA 801—2019）	附录A 表A.1.7	标准化技术委员会统一宣贯材料（内部）立区的客车以及发动机中置且宽高比小于或等于 0.9 的乘用车，车窗玻璃不应张贴有不透明和带任何镜面反光材料之色纸或隔热纸（客车车窗玻璃上张贴的符合规定的客车用安全标志和信息符号除外）。 车辆上装备的商标、厂标等整车标志应与车辆品牌/型号相适应。 仓栅式货车/挂车的顶部应安装有与侧面栅栏固定的、不能拆卸和调整的顶棚杆，且 2018 年 1 月 1 日起出厂的仓栅式货车/挂车顶棚杆间的纵向距离应小于或等于 500mm；车辆运输挂车（包括中置轴挂车、半挂车）的后部不应设置有可能用于载运车辆的可伸缩的结构。 注册登记查验时，对实行《公告》管理的国产机动车，实车外观形状应与《公告》的机动车照片一致，但装有《公告》允许选装部件的以及乘用车在不改变车辆长度宽度和车身主体结构且保证安全的情况下加装车顶行李架、出入口踏步件、换装散热器面罩和/或保险杠、更换轮毂等情形的除外；客车、旅居车、专项作业车乘坐区的两侧应设置车窗；2012 年 9 月 1 日起出厂的厢式货车和封闭式货车，驾驶室（区）两旁应设置车窗，货厢部位不应设置车窗［但驾驶室（区）内用于观察货物状态的观察窗除外］；专用客车、专项作业车的乘坐区与作业区重合的部分，可只在一侧设置车窗，防弹运钞车押运员乘坐区的两侧可不设置车窗。其他情况下，实车外观形状应与《机动车行驶证》上机动车标准照片记载的车辆外观形状一致（目视不应有明显区别），但装有允许自行加装部件的以及乘用车对车身外部进行了加装/改装但未改变车辆长度宽度和车身主体结构的除外；机动车标准相片如悬挂有机动车号牌，其号牌号码和类型应与《机动车行驶证》记载的内容一致。 乘用车出厂后对车身外部进行上述加装/改装但未改变车辆长度宽度和车身主体结构、加装车顶行李架后车辆高度增加值小于或等于 300mm 且未发现因加装/改装导致不符合 GB 7258 国家标准情形的，告知机动车所有人或申请人（或被委托的经办人）应定期对车辆按规定进行检查及维护保养、保证加装/改装后车辆的使用安全，车辆外观形状发生变化的还应申请换发行驶证，记录相关情况后视为合格。 乘用车加装车顶行李架后，车辆高度增加值应小于或等于 300mm。测量车辆长度宽度时，按照 GB 1589—2016 国家标准规定不应计入测量范围的装置、部件应除外。 注1：查验员可以通过采集机动车标准照片信息核对机动车标准照片。 注2：国产车《公告》存在多个尺寸参数时，照片可以只反映其中一种尺寸参数

四、查验内容

续上表

名称	章节	条款
《机动车运行安全技术条件》（GB 7258—2017）	4.8.1	机动车各零部件应完好，连接牢固，无缺损
	4.8.2	车体应周正，车体外缘左右对称部位高度差应小于或等于40 mm
	11.3.1	货厢（货箱）应安装牢固可靠，且在设计和制造上不应设置有货厢（货箱）加高、加长、加宽的结构、装置
	11.3.4	货车和挂车的载货部分不应设计成可伸缩的结构，但中置轴车辆运输列车的主车后部的延伸结构除外
	11.3.6	仓栅式载货车辆的载货部位应采用仓笼式或栅栏式结构。载货部位的顶部应安装有与侧面栅栏固定的、不能拆卸和调整的顶棚杆；顶棚杆间的纵向距离应小于或等于500 mm
	11.5.7	前风窗玻璃驾驶人视区部位及驾驶人驾驶时用于观察外后视镜的部位的可见光透射比应大于或等于70%。所有车窗玻璃不应张贴镜面反光遮阳膜。公路客车、旅游客车、设有乘客站立区的客车、校车和发动机中置且宽高比小于或等于0.9的乘用车所有车窗玻璃的可见光透射比均应大于或等于50%，且除符合GB 30678规定的客车用安全标志和信息符号外，不应张贴有不透明和带任何镜面反光材料的色纸或隔热纸
《机动车运行安全技术条件（国家标准第1号修改单）》（GB 7258—2017/XG1—2019）	11.3.13	平板式载货车辆的平板不应有插桩结构、凹槽、集装箱锁具等装置，且平板式载货车辆、仓栅式载货车辆的载货部位不应具有举升功能或采用自卸结构

6 外部标识/文字、喷涂

1 查验要求

对于申请办理注册登记、转入、转移登记、变更迁出、变更车身颜色、更换车身或者车架、因质量问题更换整车、变更使用性质、重新打刻车辆识别代号、申领、补领机动车登记证书的挂车，查验外观形状/文字、喷涂。

2 查验方法

目视检查，字高偏小的可使用钢直尺等测量工具测量。

3 合格要点

（1）栏板挂车应在车厢两侧喷涂栏板高度；罐式挂车（罐式危险货物运输车辆除外）还应在罐体两侧喷涂罐体容积及允许装运货物的种类；危险货物运输车辆应装置符合现行国家标准《道路运输危险货物车辆标志》（GB 13392）规定的标志（包括标志灯和标志牌）及规定的矩形安全标示牌。

（2）2018年1月1日起出厂的罐式危险货物运输车辆，其罐体或与罐体焊接的支座的右侧应有金属的罐体铭牌，罐体铭牌应标注唯一性编码、罐体设计代码、罐体容积等信息；2018年1月1日前出厂的罐式危险货物运输车辆，其罐体两侧上应喷涂罐体容积和允许装运货物的名称，且喷涂的罐体容积和允许装载货物的名称应与《公告》及机动车整车出厂合格证明一致。

（3）喷涂的中文和阿拉伯数字应清晰，高度应大于或等于80mm。

4 标准依据

涉及外部标识/文字、喷涂查验标准见下表。

涉及外部标识/文字、喷涂查验标准

名称	章节	条款
	4.1.2	对申请注册登记的机动车，应查验外部标识/文字、喷涂
《机动车查验工作规程》（GA 801—2019）	附录A 表A.1.20	所有货车（多用途货车、货车类教练车除外）和专项作业车（消防车除外）均应在驾驶室（区）两侧喷涂总质量（半挂牵引车为最大允许牵引质量）；其中，栏板货车和自卸车还应在驾驶室两侧喷涂栏板高度，罐式汽车和罐式挂车（罐式危险货物运输车辆除外）还应在罐体两侧喷涂罐体容积及允许装运货物的种类。栏板挂车应在车厢两侧喷涂栏板高度。2018年1月1日起出厂的冷藏车，还应在外部两侧易见部位上喷涂或粘贴明显的"冷藏车"字样。喷涂的中文及阿拉伯数字应清晰，高度应大于或等于80mm。 所有客车（警车、专用校车和设有乘客站立区的客车除外）及2018年1月1日起出厂的发动机中置且宽高比小于或等于0.9的乘用车应在乘客门附近车身外部易见位置，用高度大于或等于100mm的中文及阿拉伯数字标明该车提供给乘员（包括驾驶人）的座位数。

续上表

名称	章节	条款
《机动车查验工作规程》（GA 801—2019）	附录A 表A.1.20	危险货物运输车辆应装置符合 GB13392 规定的标志（包括标志灯和标志牌）及规定的矩形安全标示牌。2018 年 1 月 1 日起出厂的罐式危险货物运输车辆，其罐体或与罐体焊接的支座的右侧应有金属的罐体铭牌，罐体铭牌应标注唯一性编码、罐体设计代码、罐体容积等信息；2018 年 1 月 1 日前出厂的罐式危险货物运输车辆，其罐体两侧上应喷涂罐体容积和允许装运货物的名称，且喷涂的罐体容积和允许装载货物的名称应与《公告》及机动车整车出厂合格证明一致。 2018 年 1 月 1 日起出厂的最大设计车速小于 70km/h 的汽车（低速汽车、设有乘客站立区的客车除外）应在车身后部喷涂/粘贴表示最大设计车速（单位：km/h）的阿拉伯数字；阿拉伯数字的高度应大于或等于200mm，外围用尺寸相匹配的红色圆圈包围。 燃气汽车（包括气体燃料汽车、两用燃料汽车和双燃料汽车）应按规定在车辆前端和后端醒目位置分别设置标注其使用的气体燃料类型的识别标志，标志图形为有边框的菱形，在方框中分别居中对称地布有大写印刷体英文字母"CNG"（压缩天然气汽车）、"LNG"（液化天然气汽车）、"ANG"（吸附天然气汽车）、"LPG"（液化石油气汽车）。 教练车应在车身两侧及后部喷涂高度大于或等于 100mm 的"教练车"等字样。 残疾人专用汽车应在车身前部和后部分别设置残疾人机动车专用标志
《机动车运行安全技术条件》（GB 7258—2017）	4.1.9	危险货物运输车辆的标志应符合GB 13392的规定；其中，道路运输爆炸品和剧毒化学品车辆还应符合GB 20300的规定。罐式危险货物运输车辆的罐体或与罐体焊接的支座的右侧应有金属的罐体铭牌，罐体铭牌应标注唯一性编码、罐体设计代码、罐体容积等信息
	4.7.6	所有货车（多用途货车除外）和专项作业车（消防车除外）均应在驾驶室（区）两侧喷涂总质量（半挂牵引车为最大允许牵引质量）；其中，栏板货车和自卸车还应在驾驶室两侧喷涂栏板高度，罐式汽车和罐式挂车（罐式危险货物运输车辆除外）还应在罐体两侧喷涂罐体容积及允许装运货物的种类。栏板挂车还应在车厢两侧喷涂栏板高度。冷藏车还应在外部两侧易见部位上喷涂或粘贴明显的"冷藏车"字样和冷藏车类别的英文字母。喷涂的中文及阿拉伯数字应清晰，高度应大于或等于 80mm

四、查验内容

续上表

名　称	章节	条　款
《机动车运行安全技术条件》（GB 7258—2017）	4.7.7	总质量大于或等于4500kg的货车（半挂牵引车除外）和货车底盘改装的专项作业车（消防车除外）、总质量大于3500kg的挂车，以及车长大于或等于6m的客车均应在车厢后部喷涂或粘贴/放置放大的号牌号码，总质量大于或等于12000kg的自卸车还应在车厢左右两侧喷涂放大的号牌号码。受结构限制车厢后部无法粘贴/放置放大的号牌号码时，车厢左右两侧喷涂有放大的号牌号码的，视为满足要求。放大的号牌号码字样应清晰

 号牌板（架）/车辆号牌

1 查验要求

对于申请办理注册登记、转移登记、转入业务的机动车，查验车辆号牌板（架）。对因质量问题更换整车、变更迁出、变更车身颜色、变更使用性质、更换车身或者车架、重新打刻车辆识别代号、申领、补领机动车登记证书的挂车，查验车辆号牌。

2 查验方法

目视检查，重点检查号牌板（架）上安装孔数量、规格、位置，是否存在可翻转结构，号牌安装及放大号粘贴/放置情况。

3 合格要点

（1）后号牌板（架）应设于后面中部或左侧，号牌板（架）应能安装符合现行行业标准《中华人民共和国机动车号牌》（GA 36）要求的机动车号牌且号牌安装后不应被遮挡、覆盖，不允许采用号牌板能被翻转的结构；2016年3月1日起出厂机动车的每面号牌板（架）上应设有4个号牌安装孔；号牌安装孔应保证能用M6规格的螺栓将号牌直接牢固可靠地安装在车辆上。

（2）车辆号牌应安装在号牌板（架）处，号牌正置、横向水平、纵向基本垂直且使用符合现行行业标准《机动车号牌专用固封装置》（GA 804）的专用固封装置固封，号牌应无变形、遮盖和破损、涂改，号牌号码和种类应与《机动车行驶证》的记录一致，其汉字、字母和数字应清晰可辨、颜色应无明显色差。

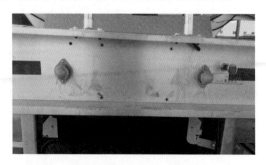

（3）不允许使用可拆卸号牌架和可翻转号牌架。
（4）放大的号牌号码字样应清晰，颜色应与车身底色有明显反差。
（5）对平板式、骨架式等载货部位结构受限制的不查验放大的号牌号码。

4 标准依据

涉及号牌板（架）/车辆号牌查验标准见下表。

涉及号牌板（架）/车辆号牌查验标准

名 称	章节	条 款
《机动车查验工作规程》（GA 801—2019）	4.1.1	对申请注册登记的机动车，应查验车辆号牌板（架）
	附录A 表A.1.6	注册登记、转移登记及转入查验时，检查机动车号牌板（架）：前号牌板（架）（摩托车除外）应设于前面中部或右侧（按机动车前进方向），后号牌板（架）应设于后面中部或左侧，号牌板（架）应能安装符合 GA 36 要求的机动车号牌且号牌安装后不应被遮挡、覆盖，不允许采用号牌板能被翻转的结构。2013年3月1日起出厂的机动车每面号牌板（架）上应设有2个号牌安装孔，2016年3月1日起出厂的机动车每面号牌板（架）[三轮汽车前号牌板（架）、摩托车后号牌板（架）除外]上应设有4个号牌安装孔；号牌安装孔应保证能用 M6 规格的螺栓将号牌直接牢固可靠地安装在车辆上。 其他情况查验时，检查车辆号牌：号牌应安装在号牌板（架）处，号牌应正置、横向水平、纵向基本垂直且使用符合 GA 804 的专用固封装置固封，号牌应无变形、遮盖和破损、涂改，号牌号码和种类应与《机动车行驶证》的记录一致，其汉字、字母和数字应清晰可辨、颜色应无明显色差。不允许使用可拆卸号牌架和可翻转号牌架。

四、查验内容

续上表

名　　称	章节	条　　款
《机动车查验工作规程》（GA 801—2019）	附录A 表A.1.6	在用车查验时，总质量大于或等于4500kg的货车（半挂牵引车除外）和货车底盘改装的专项作业车（消防车除外）、总质量大于3500kg的挂车，以及车长大于或等于6m的客车（警车、校车除外）均应在车厢后部喷涂或粘贴/放置放大的号牌号码，总质量大于或等于12000kg的自卸车还应在车厢左右两侧喷涂放大的号牌号码。受结构限制车厢后部无法粘贴/放置放大的号牌号码时，车厢左右两侧喷涂有放大的号牌号码的，视为满足要求。放大的号牌号码字样应清晰，颜色应与车身底色有明显反差。 对平板式、骨架式结构的货车、专项作业车、牵引车等无载货部位或载货部位受结构限制确实无法满足放大号喷涂要求的，不查验放大的号牌号码；但这类车辆上道路行驶时，应按规定放置放大的号牌号码板
《机动车运行安全技术条件》（GB 7258—2017）	11.8.1	机动车应设置能满足号牌安装要求的号牌板（架）。前号牌板（架）（摩托车除外）应设于前面的中部或右侧（按机动车前进方向），后号牌板（架）应设于后面的中部或左侧
	11.8.2	每面号牌板（架）上应设有4个号牌安装孔［三轮汽车前号牌板（架）、摩托车后号牌板（架）应设有2个号牌安装孔］，以保证能用M6规格的螺栓将号牌直接牢固可靠地安装在车辆上
《中华人民共和国机动车号牌》（GA 36—2018）	10.1	应正面朝外、字符正向安装在号牌板（架）上，禁止反装或倒装； 前号牌安装在机动车前端的中间或者偏右（按机动车前进方向），后号牌安装在机动车后端的中间或者偏左，不应影响机动车安全行驶和号牌的识别； 安装要保证号牌无任何变形和遮盖，横向水平，纵向基本垂直于地面，纵向夹角不大于15°（摩托车号牌向上倾斜纵向夹角不大于30°）； 安装孔均应安装符合GA 804要求的固封装置，但受车辆条件限制无法安装的除外； 使用号牌架辅助安装时，号牌架内侧边缘距离机动车登记编号字符边缘大于5mm以上，不应遮盖生产序列标识； 号牌周边不应有其他影响号牌识别的光源

续上表

名　称	章节	条　款
《中华人民共和国机动车号牌》（GA 36—2018）	11	以下情况导致号牌不清晰、不完整而影响识别，或公安机关交通管理部门指定更换时，应更换号牌： 号牌字符被涂改，不能复原； 号牌字符的反光明显不一致或底色反光明显不均匀； 号牌的安装孔损坏或其他物理化学损坏； 号牌的底色或字符颜色明显褪色； 机动车登记编号或生产序列标识不完整； 号牌外观不符合6.5的要求
	12.2	放大的号牌号码字体尺寸不小于小型汽车号牌用字体的2.5倍

8 车身反光标识

1 查验要求

对于申请办理注册登记、转入、转移登记、变更迁出、变更车身颜色、更换车身或者车架、因质量问题更换整车、变更使用性质、重新打刻车辆识别代号、申领、补领机动车登记证书的挂车，查验车身反光标识。

2 查验方法

实车查验车身反光标识设置是否符合标准要求；对反光标识材料性能存有疑问的，可使用反光标识检测仪等工具测量，对尺寸、面积等参数有疑问时，也应使用量具测量相关尺寸。

车身反光标识反光强度测量方法实例图

四、查验内容

3 合格要点

要点一： 反光标识可分为反光膜型反光标识和反射器型反光标识。

反光膜型车身反光标识为红白单元相间的条状反光膜材料，表面应完好、无破损；红白单元每一单元的长度应不小于150mm且不大于450mm，宽度可为50mm、75mm或100mm；白色单元上应加施有符合规定的"3C"标识。

反射器型车身反光标识的反射器单元应横向水平布置、固定可靠，红白单元相间且数量相当；相邻反射器的边缘距离对后部反射器型车身反光标识不应大于100mm，对侧面反射器型车身反光标识不应大于150mm。

要点二： 后部车身反光标识应能体现机动车后部宽度和高度，其离地高度应不小于380mm。后部反光膜型车身反光标识与后反射器的面积之和，使用一级车身反光标识材料时应不小于$0.1m^2$，使用二级车身反光标识材料时应不小于$0.2m^2$。

侧面反光膜型车身反光标识允许分隔粘贴，但应保持红白单元相间；总长度（不含间隔部分）应不小于车长的50%，但侧面车身结构无连续表面的混凝土搅拌运输车和专项作业车的侧面车身反光标识长度应不小于车长的30%；三轮汽车的侧面车身反光标识长度不应小于1200mm，货厢长度不足车长50%的载货汽车的侧面车身反光标识长度应为货厢长度。

要点三： 道路运输爆炸品和剧毒化学品车辆，以及常压罐式危险货物运输车辆，还应在车辆的后部和两侧粘贴能标示车辆轮廓的、宽度为150mm±20mm的橙色反光带。

4 知识拓展

（1）仓栅式货车、仓栅式挂车粘贴。

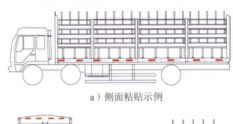

a）侧面粘贴示例

b）后部装有货厢门的粘贴示例　　c）后部没有货厢门的粘贴示例

（2）平板挂车、低平板挂车、集装箱挂车粘贴。

a）侧面粘贴示例　　　　　　b）后部粘贴示例

平板挂车、集装箱挂车粘贴示例

a）侧面粘贴示例　　　　　　b）后部粘贴示例

低平板挂车粘贴示例

（3）罐式货车、罐式挂车粘贴。

a）侧面粘贴示例　　　　b）后部粘贴示例

（4）栏板货车、栏板挂车、低速汽车粘贴。

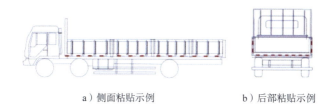

a）侧面粘贴示例　　　　b）后部粘贴示例

（5）厢式货车（含厢式低速货车）、厢式挂车粘贴。

a）侧面粘贴示例　　　　b）后部粘贴示例

5 常见不合格情形

车身反光标识粘贴不规范，如后部反光标识粘贴不连续，无法反映车身后部货箱轮廓；侧面反光标识粘贴长度不足；总质量大于3500kg 的厢式挂车（不含侧帘式半挂车）未粘贴设置反射器型反光标识等违规情形较多。

6 标准依据

涉及车身反光标识查验标准见下表。

涉及车身反光标识查验标准

名　　称	章节	条　　款
《机动车查验工作规程》（GA 801—2019）	4.1.2	对申请注册登记的机动车，应查验车身反光标识
	附录A 表A.1.15	货车（多用途货车、基于多用途货车改装的教练车除外）和货车底盘改装的专项作业车、最大设计车速小于或等于40km/h 的其他汽车、所有挂车（旅居挂车除外）应按照 GB 7258—2017 的 8.4.1、8.4.2 及其他相关规定设置后部车身反光标识和车辆尾部标志板、侧面车身反光标识。 　　反光膜型车身反光标识为红白单元相间的条状反光膜材料，表面应完好、无破损；红白单元每一单元的长度应不小于 150mm 且不大于 450mm，宽度可为 50mm，75mm 或 100mm；白色单元上应加施有符合规定的"3C"标识。 　　后部车身反光标识应能体现机动车后部宽度和高度，其离地高度应不小于 380mm。后部反光膜型车身反光标识与反射器的面积之和，使用一级车身反光标识材料时应不小于 $0.1m^2$，使用二级车身反光标识材料时应不小于 $0.2m^2$。 　　侧面反光膜型车身反光标识允许分隔粘贴，但应保持红白单元相间；总长度（不含间隔部分）应不小于车长的50%，但侧面车身结构有不连续表面的混凝土搅拌运输车和专项作业车的侧面车身反光标识长度应不小于车长的 30%；三轮汽车的侧面车身反光标识长度不应小于 1200mm，货厢长度不足车长 50%的载货汽车的侧面车身反光标识长度应为货厢长度。 　　厢式货车和厢式挂车后部、侧面的车身反光标识应能体现货厢轮廓。2012 年 9 月 1 日起出厂的总质量大于 3500kg 的厢式货车（不含全封闭式货车、侧帘式货车）、厢式挂车（不含侧帘式半挂车）和 2018 年 1 月1 日起出厂的总质量大于 3500kg 的厢式专项作业车，装备的车身反光标识应为由红白相间的反射器单元组成的反射器型车身反光标识。反射器型车身反光标识的反射器单元应横向水平布置、固定可靠，红白单元相间且数量相当；相邻反射器的边缘距离对后部反射器型车身反光标识不应大于 100mm，对侧面反射器型车身反光标识不应大于 150mm。 　　道路运输爆炸品和剧毒化学品车辆，以及常压罐式危险货物运输车辆，还应在车辆的后部和两侧粘贴能标示车辆轮廓的、宽度为150mm±20mm的橙色反光带
《机动车运行安全技术条件》（GB 7258—2017）	8.4.1	总质量大于或等于12000kg 的货车（半挂牵引车除外）和货车底盘改装的专项作业车、车长大于8.0m 的挂车及所有最大设计车速小于或等于 40km/h 的汽车和挂车，应按GB 25990规定设置车辆尾部标志板；半挂牵引车应在驾驶室后部上方设置能体现驾驶室的宽度和高度的车身反光标识，其他货车（多用途货车除外）、货车底盘改装的专项作业车和挂车（设置有符合规定的车辆尾部标志板的专项作业车和挂车，

四、查验内容

续上表

名　称	章节	条　款
《机动车运行安全技术条件》（GB 7258—2017）	8.4.1	以及旅居挂车除外）应在后部设置车身反光标识。后部的车身反光标识应能体现机动车后部的高度和宽度，对厢式货车和挂车应能体现货厢轮廓，且采用一级车身反光标识材料时与后反射器的面积之和应大于或等于$0.1m^2$，采用二级车身反光标识材料时与后反射器的面积之和应大于或等于$0.2m^2$
	8.4.2	所有货车（半挂牵引车、多用途货车除外）、货车底盘改装的专项作业车和挂车（旅居挂车除外）应在侧面设置车身反光标识。侧面的车身反光标识长度应大于或等于车长的50%，对三轮汽车应大于或等于1.2m，对侧面车身结构无连续平面的货车底盘改装的专项作业车应大于或等于车长的30%，对货厢长度不足车长50%的货车应为货厢长度
	8.4.3	道路运输爆炸品和剧毒化学品车辆，除应按8.4.1、8.4.2设置车身反光标识外，还应在后部和两侧粘贴能标示出车辆轮廓、宽度为150mm±20mm的橙色反光带
	8.4.5	货车、货车底盘改装的专项作业车和挂车（组成拖拉机运输机组的挂车除外）的车身反光标识材料应符合GB 23254的规定，其中总质量大于3500kg的厢式货车（不含封闭式货车、侧帘式货车）、厢式挂车（不含侧帘式半挂车）和厢式专项作业车应装备反射器型车身反光标识。车身反光标识的粘贴/设置应符合GB 23254的规定
	8.4.6	货车（半挂牵引车除外）和挂车（组成拖拉机运输机组的挂车除外）设置的车身反光标识或车辆尾部标志板被遮挡的，应在被遮挡的车身后部和侧面至少水平固定一块2000mm×150mm的柔性反光标识

9 车辆尾部标志板

1 查验要求

对于申请办理注册登记、转入、转移登记、变更迁出、变更车身颜色、更换车身或者车架、因质量问题更换整车、变更使用性质、重新打刻车辆识别代号、申领、补领机动车登记证书的车长大于8.0m的挂车，查验车辆尾部标志板。

2 查验方法

实车查验车辆尾部标志板的形状、尺寸、结构和安装是否符合标准规定。

3 合格要点

要点一： 挂车和半挂车尾部标志板为黄色回复反射标志板，具有红色荧光或回复反射边框，一组标志板由一块、两块或四块具有反射和荧光材料的标志板组成，其总长度应不小于1130mm，不大于2300mm。成组的标志板的形状应是成对的。

车辆尾部标志板实物图

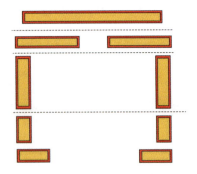

车辆尾部标志板布置示意图

车辆尾部标志板粘贴示例图

四、查验内容

要点二： 车辆尾部标志板安装应不易拆卸，其固定在车辆后部的方式应稳定、持久，例如使用螺钉或者铆合。

4 常见不合格情形

车辆未按规定设置车辆尾部标志板或仅一侧安装反光标志板或安装不对称；车辆尾部标志板安装不牢靠。

5 标准依据

涉及车辆尾部标志板查验标准见下表。

涉及车辆尾部标志板查验标准

名称	章节	条款
《机动车查验工作规程》（GA 801—2019）	4.1.2	对申请注册登记的机动车，应查验车辆尾部标志板
	附录A 表A.1.15	车辆尾部标志板的形状、尺寸和结构应符合GB 25990的规定，部件应不易拆卸，其固定在车辆后部的方式应稳定、持久，例如使用螺钉或者铆合
《机动车运行安全技术条件》（GB 7258—2017）	8.4.1	总质量大于或等于12000kg的货车（半挂牵引车除外）和货车底盘改装的专项作业车、车长大于8.0m的挂车及所有最大设计车速小于或等于40km/h的汽车和挂车，应按GB 25990规定设置车辆尾部标志板
	8.4.6	货车（半挂牵引车除外）和挂车（组成拖拉机运输机组的挂车除外）设置的车身反光标识或车辆尾部标志板被遮挡的，应在被遮挡的车身后部和侧面至少水平固定一块2000mm×150mm的柔性反光标识

续上表

名　称	章节	条款
《车辆尾部标志板》（GB 25990—2010）	5.1.2	标志板的部件应不易拆卸
	5.1.3	标志板固定在车辆后部的方式应稳定、持久，例如使用螺钉或铆合
	5.1.4	标志板的外表面应易于清洁，表面应不粗糙，其任何突出物应无碍于清洁
	5.2.2.1	重型和长型车辆的标志板形状为矩形
	5.2.2.2	安装在挂车和半挂车上的标志板，为黄色回复反射标志板，具有红色荧光或回复反射边框；安装在非铰接车辆（牵引车或载货车）上的标志板，由黄色回复反射和红色荧光或回复反射材料或装置的交替斜条纹组成
	5.2.2.3	一组标志板由一块、两块或四块具有回复反射和荧光材料的标志板组成，其总长度应不小于1130mm，不大于2300mm

10 侧面及后下部防护

1 查验要求

对于申请办理注册登记、转入、转移登记、变更迁出、变更车身颜色、更换车身或者车架、因质量问题更换整车、变更使用性质、重新打刻车辆识别代号、申领、补领机动车登记证书的总质量大于3500kg的挂车，查验侧面及后下部防护。

2 查验方法

实车查验，必要时用量具测量，重点检查侧后防护装置的防护范围、端部形式、连接方式是否符合规定，对侧后防护的下边缘离地高度、横向构件截面高度等有疑问时应使用量具测量相关尺寸。

3 合格要点

（1）侧面防护。
要点一： 下缘任何一点的离地高度应不大于550mm。

要点二： 前缘和后缘应处在最靠近它的轮胎周向切面之后（前）300mm的范围之内；全挂车前缘位于500mm的范围之内即可。

要点三： 半挂车前缘与支腿中心横截面距离小于或等于250mm即可。

（2）后下部防护。

要点一： 宽度不可大于车辆后轴两侧车轮最外点之间的距离（不包括轮胎的变形量），并且后下部防护任一端的最外缘与这一侧车辆后轴车轮最外端的横向水平距离应不大于100mm。

要点二： 空载状态下在其全部宽度范围内的后下部防护的下边缘离地高度不应大于500mm。

要点三： 横向构件的截面高度（对格构式圆钢结构的后下部防护，截面高度为横向布置圆钢的直径之和）应不小于100mm，端部不应有尖锐边缘。

要点四： 罐式危险货物运输车辆的罐体及罐体上的管路和管路

附件不得超出侧面及后下部防护装置，罐体后封头及罐体后封头上的管路和管路附件与后下部防护装置内侧在车辆长度方向垂直投影的距离应大于或等于150mm。2020年1月1日起出厂的罐式液体危险货物运输车辆，后下部防护应位于车辆最后端罐式液体危险货物运输车辆，后下部防护应位于车辆最后端。

4 常见不合格情形

（1）后下部防护离地高度大于500mm。

（2）后下部防护端部有尖锐边缘。

四、查验内容

（3）防护安装方式与《公告》不一致，如《公告》要求后下部防护用焊接连接，实车后下部防护是螺栓连接。

5 标准依据

涉及侧面及后下部防护查验标准见下表。

涉及侧面及后下部防护查验标准

名　称	章节	条　款
《机动车查验工作规程》（GA 801—2019）	4.1.2	对申请注册登记的机动车，应查验侧面及后下部防护
	附录A表A.1.16	所有总质量大于3500kg的货车（半挂牵引车除外）、货车底盘改装的专项作业车和挂车应按规定装备侧面及后下部防护装置；专用货车和专项作业车受客观原因限制时可不安装后下部防护装置。侧后防护装置应固定可靠，与车架或车体的可靠部位有效连接。后下部防护装置的宽度不可大于车辆后轴两侧车轮最外点之间的距离（不包括轮胎的变形量），并且后下部防护装置任一端的最外缘与这一侧车辆后轴车轮最外端的横向水平距离应不大于100mm；后下部防护装置整个宽度上的下边缘离地高度，对于后下部防护装置状态可调整的车辆应不大于450mm，对状态不可调整的车辆应不大于550mm；2020年1月1日起出厂的所有车辆，空载状态下在其全部宽度范围内的后下部防护的下边缘离地高度不应大于500mm。后下部防护装置的横向构件的截面高度（对格构式圆钢结构的后下部防护装置，截面高度为横向布置圆钢的直径之和）应不小于100mm（对于2020年1月1日起出厂的总质量大于12000kg的货车及总质量大于10000kg的挂车，应不小于120 mm），端部不应有尖锐边缘。

· 51 ·

续上表

名 称	章节	条 款
《机动车查验工作规程》（GA 801—2019）	附录A 表A.1.16	侧面防护装置的下缘任何一点的离地高度应不大于550mm，前缘和后缘应处在最靠近它的轮胎周向切面之后（前）300mm 的范围之内；但全挂车前缘位于500mm 的范围之内即可，半挂车前缘与支腿中心横截面距离小于或等于250mm 即可，长头货车前缘与驾驶室内壁板件的间隙小于或等于100mm 即可。罐式危险货物运输车辆的罐体及罐体上的管路和管路附件不得超出侧面及后下部防护装置，罐体后封头及罐体后封头上的管路和管路附件与后下部防护装置内侧在车辆长度方向垂直投影的距离应大于或等于150mm。2020 年1 月1 日起出厂的罐式液体危险货物运输车辆，后下部防护应位于车辆最后端
《汽车及挂车侧面和后下部防护要求》（GB 11567—2017）	6.4	侧面防护装置前缘的结构要求如下：……3）对于半挂车：若安装有支承装置，则前缘位于支承装置的中心横截面之后不大于250mm处
	6.5	侧面防护装置的后缘应处在最靠近它的轮胎周向切面之前300 mm的范围之内，该切面是与车辆纵向平面垂直的铅垂面；后缘可不要求安装连续的垂直构件
	6.8	在车辆空载状态下，侧面防护装置的下缘任何一点的离地高度不应大于550 mm
	9.1	在车辆空载状态下，车辆在其全部宽度范围内的后下部防护的下边缘离地高度不大于500mm
	9.2	后下部防护应尽可能位于靠近车辆后部的位置。道路运输液体危险货物罐式车辆的后下部防护应位于车辆最后端
	9.3	后下部防护的宽度不可大于车辆后轴两侧车轮最外点之间的距离(不包括轮胎的变形量)，并且后下部防护任一端的最外缘与这一侧车辆后轴车轮最外端的横向水平距离不大于100 mm
	9.4	后下部防护的横向构件的两端不应弯向车辆后方且不应有尖锐的外侧边缘。横向构件的外侧端应倒圆，其圆角半径不小于2.5 mm；横向构件的截面高度，对于N_2、O_3类车辆不小于100 mm，对于N_3、O_4类车辆不小于120 mm
《机动车运行安全技术条件》（GB 7258—2017）	12.9.1	总质量大于3500kg的货车（半挂牵引车除外）、货车底盘改装的专项作业车和挂车，应按GB 11567的规定提供防止人员卷入的侧面防护
	12.9.2	货车列车的货车和挂车之间应提供防止人员卷入的侧面防护

四、查验内容

续上表

名　称	章节	条　款
《机动车运行安全技术条件》（GB 7258—2017）	12.9.3	总质量大于 3500kg 的货车、货车底盘改装的专项作业车（半挂牵引车及由于客观原因而无法安装后下部防护装置的专用货车和专项作业车除外）和挂车（长货挂车除外）的后下部，应提供符合 GB 11567 规定的后下部防护，以防止追尾碰撞时发生钻入碰撞

轮胎完好情况及轮胎规格

1 查验要求

对于申请办理注册登记、转入、转移登记、变更迁出、变更车身颜色、更换车身或者车架、因质量问题更换整车、变更使用性质、重新打刻车辆识别代号、申领、补领机动车登记证书的挂车，查验轮胎完好情况；对旅居挂车和总质量大于3500kg的其他挂车，还应查验轮胎规格。

2 查验方法

查看实车轮胎规格、轮胎数与《公告》、机动车整车出厂合格证明记载的内容是否一致；查看同一轴上的轮胎规格和花纹是否一致；查看轮胎胎面及胎壁是否存在破裂、缺损、异常磨损、割伤和暴露出轮胎帘布层情况；查看轮胎胎冠花纹深度是否符合要求。

3 合格要点

要点一： 轮胎规格与《公告》、机动车整车出厂合格证明记载的内容一致。
要点二： 同一轴上的轮胎规格和花纹应相同。
要点三： 轮胎胎冠花纹深度应大于或等于1.6mm。
要点四： 轮胎胎面及胎壁上不得有长度超过25mm或深度足以暴露出轮胎帘布层的破裂和割伤。
要点五： 轮胎螺母应完整齐全。

4 知识拓展

$$扁平比(\%) = \frac{断面高度}{断面宽度}$$

5 常见不合格情形

（1）同轴轮胎花纹不一致。

(2)轮胎胎壁破裂。

(3)轮胎胎面磨损严重。

(4)轮胎螺母不齐全。

6 标准依据

涉及轮胎完好情况及轮胎规格标准见下表。

涉及轮胎完好情况及轮胎规格标准

名 称	章 节	条 款
《机动车查验工作规程》（GA 801—2019）	4.1.1 4.1.2	对申请注册登记的机动车，应查验轮胎完好情况及轮胎规格
	附录A 表A.1.8	轮胎胎冠花纹深度应符合 GB 7258—2017 的 9.1.6 的要求，轮胎胎面及胎壁应无影响使用的破裂、缺损、异常磨损和割伤，轮胎胎面不应由于局部磨损而暴露出轮胎帘布层。轮胎螺母应完整齐全。公路客车、旅游客车和校车的所有车轮及其他机动车的转向轮不应装用翻新的轮胎。 注册登记查验时，轮胎数应与机动车整车出厂合格证明等相关凭证记载的数据一致；其他情况下，轮胎数应与《机动车行驶证》上机动车标准照片记载的轮胎数一致
	附录A 表A.1.14	同一轴上的轮胎规格和花纹应相同，轮胎规格应与《公告》、机动车整车出厂合格证明等相关凭证（或资料）记载的内容相符
《机动车运行安全技术条件》（GB 7258—2017）	9.1.1	机动车所装用轮胎的速度级别不应低于该车最大设计车速的要求，但装用雪地轮胎时除外。总质量大于3500kg 的货车和挂车（封闭式货车、旅居挂车等特殊用途的挂车除外）装用轮胎的总承载能力，应小于或等于总质量的1.4 倍
	9.1.3	同一轴上的轮胎规格和花纹应相同，轮胎规格应符合整车制造厂的规定
	9.1.5	危险货物运输车辆及车长大于 9m 的其他客车应装用子午线轮胎
	9.1.6	乘用车、挂车轮胎胎冠花纹上的花纹深度应大于或等于1.6mm，摩托车轮胎胎冠花纹上的花纹深度应大于或等于0.8mm；其他机动车转向轮的胎冠花纹深度应大于或等于3.2mm，其余轮胎胎冠花纹深度大于或等于1.6mm
	9.1.7	轮胎胎面不应由于局部磨损而暴露出轮胎帘布层。轮胎不应有影响使用的缺损、异常磨损和变形

12 轴数/轴距

1 查验要求

对于申请办理注册登记、转入、转移登记、变更迁出、因质量

四、查验内容

问题更换整车的旅居挂车和总质量大于3500kg的其他挂车,查验轴数、轴距。

2 查验方法

实车查看轴数;用长度测量工具测量轴距,有条件的也可使用自动测量装置测量。

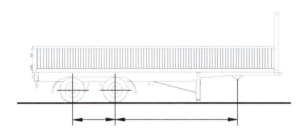

3 合格要点

轴数、轴距应与《公告》、机动车整车出厂合格证明等相关凭证上记载的数据一致。

4 知识拓展

《汽车和挂车的术语及其定义 车辆尺寸》(GB/T 3730.3—1992)

术 语	定 义	图 示
汽车及全挂车轴距	分别过车辆同一侧相邻两车轮A或B点并垂直于Y和X平面的两平面之间的距离	
半挂车轴距	分别过半挂车牵引销轴线和半挂车车轮中心且又垂直于Y和X平面的两平面之间的距离	

· 57 ·

5 常见不合格情形

（1）合格证轴距参数与《公告》轴距参数不一致。

（2）实车轴距测量数据与公告、合格证参数不一致。

四、查验内容

6 标准依据

涉及轴数/轴距查验标准见下表。

涉及轴数/轴距查验标准

名　　称	章节	条　　款
《机动车查验工作规程》（GA 801—2019）	4.1.2	对申请注册登记的机动车，应查验轴数/轴距
	5.13	查验车辆外廓尺寸、轴距等尺寸参数时，应采用机动车安全技术检验机构或其他具备资质的机构 按照规定测得的相关尺寸参数数值或使用量具测量相关尺寸参数，并与《公告》、机动车整车出厂合格 证明等凭证、技术资料记载的数值进行比对，确认是否在允许的误差范围内
	附录A 表A.1.13	注册登记查验时，轴数、轴距应与《公告》、机动车整车出厂合格证明等相关凭证上记载的数据相符；其他情况下，轴数应与《机动车行驶证》上机动车照片记载的轴数一致。 轴距的公差允许范围按车辆外廓尺寸的规定执行

13 外廓尺寸

1 查验要求

对于申请办理注册登记、转入、转移登记、变更迁出、更换车身或者车架、因质量问题更换整车的旅居挂车和总质量大于3500kg的其他挂车，查验外廓尺寸。

2 查验方法

将车辆停放在平整、硬实的地面上，使用长卷尺、金属卷尺、激光测距仪、铅锤等工具测量车辆外廓尺寸参数；如使用外廓尺寸自动测量装置的，测得的外廓尺寸数值应实时上传至计算机管理系统自动判别是否合格。

需要注意的是，测量工具应进行计量检定或校准。

长卷尺　　　　　金属卷尺

激光测距仪　　　铅锤

（1）车辆长度。

半挂车长度：分别过汽车、半挂车、汽车列车前后最外端点且垂直于Y和X平面的两平面间的距离。

牵引杆挂车、中置轴挂车长度：过挂车牵引杆最前端点和挂车车身最后端点且垂直于Y和X平面的两平面之间的距离，测量时牵引杆应处于水平状态。

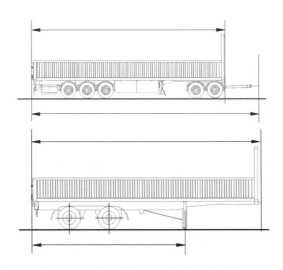

需要注意的是，以下项目不计入车辆长度测量数值。

四、查验内容

不计入车辆长度测量数值

分　类	项　目
不具备载货功能，且超出车辆前或后端不大于50mm、边和角的圆角半径不小于5mm的装置不在车辆长度测量范围	刮水器和洗涤器
	外部标识，包括注册商品商标、生产企业名称、商品产地、车型名称及型号、发动机排量、变速器形式、驱动形式及反映车辆特征的其他标识
	灯光和光信号装置
	防撞胶块及类似装置
	外部遮阳装置
	海关密封装置及其防护装置
	用于栓固防雨布的装置及其防护装置
	锁止装置、铰链、手柄、控制器、开关
	出入口踏步（或爬梯）、保险杠上端用于风窗擦拭的上车踏步及把手
	后标志板含LOGO标志
	可拆卸的车辆用的挂接或拖拽装置
	排气尾管
不具备载货功能的装置不在车辆长度测量范围	空气进气管
	在半挂车前回转半径内的冷藏半挂车的冷机、半挂车的工具箱框、爬梯、前端气/电连接器及其防护罩
	间接视野装置
	电力车辆的集电装置（含其固定装置）
	展开长度不超过2000mm，收起状态不超过200mm，可拆卸或折叠的车辆后部导流装置
	收起状态的水平高度不超过300mm的尾板、上下坡道及类似装置
	后尾梯

（2）车辆宽度。

车辆宽度分别过车辆两侧固定突出部位（不包括后视镜、侧面标志灯、示位灯、转向指示灯、挠性挡泥板、折叠式踏板、防滑链以及轮胎与地面接触变形部分）最外侧点且平行于Y平面的两平面之间的距离。

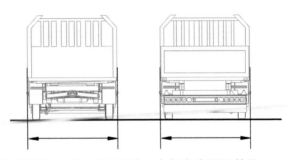

需要注意的是,以下项目不计入车辆宽度测量数值。

不计入车辆宽度测量数值

分　　类	项　　目
不具备载货功能,且单侧超出车辆侧面不大于50mm、边和角的圆角半径不小于5mm的装置不在车辆宽度测量范围	外部标识,包括注册商品商标、生产企业名称、商品产地、车型名称及型号、发动机排量、变速器形式、驱动形式及反映车辆特征的其他标识
	灯光和光信号装置
	海关密封装置及其防护装置
	防撞胶块及类似装置
	用于栓固防雨布的装置及其防护装置
	局部的流水槽,指用于引导驾驶人门(或窗)上方雨水流、乘客门上方和位于前挡风玻璃两侧引导雨水流向的流水槽
	防飞溅系统的柔性突出部分
	在收起位置时的可伸缩踏步、客车的出入坡道、举升平台及类似装置
	锁止装置、铰链、手柄、控制器、开关
	轮胎失效信号装置
	轮胎压力指示器
	位于轮胎接地点正上方的轮胎壁的变形部分
	倒车辅助装置
	排气尾管
其他不在车辆宽度测量范围的装置	间接视野装置
	非工作状态下的校车停车指示牌

(3)车辆高度。

车辆高度为车辆最高点至X平面的距离。

四、查验内容

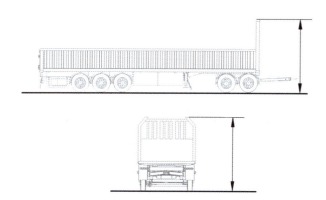

需要注意的是天线的软质部分不计入车辆高度测量数值。

3 合格要点

要点一： 注册登记查验时，车辆的长、宽、高应与机动车整车出厂合格证明等相关凭证上记载的数值相符，挂车的实际外廓尺寸不应超出现行国家标准《汽车、挂车及汽车列车外廓尺寸、轴荷及质量限值》（GB 1589）规定的限值。

要点二： 注册登记查验时对挂车为±1%或±50mm，其他情况查验时，对挂车为±2%或±100mm。

要点三： 测量外廓尺寸参数时，应考虑允许自行加装的部件及变更使用性质拆除标志灯具对测量结果的影响。判定车辆外廓尺寸参数是否在公差允许范围内时，应考虑测量误差。

栏板式、仓栅式、平板式、自卸式货车及其半挂车的外廓尺寸的最大限值（单位：mm）

车辆类型			长度	宽度	高度
仓栅式货车 栏板式货车 平板式货车 自卸式货车	二轴	最大设计总质量≤3500kg	6000	2550	4000
		最大设计总质量>3500kg，且≤8000kg	7000		
		最大设计总质量>8000kg，且≤12000kg	8000		
		最大设计总质量>12000kg	9000		
	三轴	最大设计总质量≤20000kg	11000		
		最大设计总质量>20000kg	12000		
		双转向轴的四轮汽车	12000		

续上表

车辆类型		长度	宽度	高度
仓栅式挂车 栏板式挂车 平板式挂车 自卸式挂车	一轴	8600	2550	4000
	二轴	10000		
	三轴	13000		

其他汽车、挂车及汽车列车的外廓尺寸不应超过下表规定最大限值。

其他汽车、挂车及汽车列车外廓尺寸的最大限值（单位：mm）

车辆类型		长度	宽度	高度
汽车	三轮汽车①	4600	1600	2000
	低速货车	6000	2000	2500
	货车及半挂牵引车	12000②	2550③	4000
挂车	半挂车	13750④	2550③	4000
	中置轴、牵引杆挂车	12000⑤		
汽车列车	乘用车列车	14500	2550③	4000
	铰接列车	17100⑥		
	货车列车	20000⑦		

注：① 当采用转向盘转向，由传动轴传递动力，具有驾驶室且驾驶员座椅后设计有物品放置空间时，长度、宽度、高度的限值分别为5200mm、1800mm、2200mm。
② 专用作业车车辆长度限值要求不适用，但应符合相关标准要求。
③ 冷藏车宽度最大限值为2600mm。
④ 运送45ft集装箱的半挂车长度最大限值为13950mm。
⑤ 车厢长度限值为8000mm（中置轴车辆运输挂车除外）。
⑥ 长头铰接列车长度限值为18100mm。
⑦ 中置轴车辆运输列车长度最大限值为22000mm。

4 标准依据

涉及外廓尺寸查验标准见下表。

四、查验内容

涉及外廓尺寸查验标准

名　　称	章节	条　　款
《机动车查验工作规程》（GA 801—2019）	4.1.2	对申请注册登记的机动车，应查验外廓尺寸
	5.13	查验车辆外廓尺寸、轴距等尺寸参数时，应采用机动车安全技术检验机构或其他具备资质的机构按照规定测得的相关尺寸参数数值或使用量具测量相关尺寸参数，并与《公告》、机动车整车出厂合格证明等凭证、技术资料记载的数值进行比对，确认是否在允许的误差范围内
	附录A 表A.1.11	汽车及汽车列车、挂车的实际外廓尺寸不应超出 GB 1589 规定的限值，摩托车的实际外廓尺寸不应超出 GB 7258—2017 中表 2 规定的限值。 　　注册登记查验时，车辆的长、宽、高应与机动车整车出厂合格证明等相关凭证上记载的数值相符，属于工信部联产业〔2014〕453 号文件规定的小微型面包车的车长应小于或等于 4500mm、车宽应小于或等于 1680mm；其他情况下，应与《机动车行驶证》上记载的数值相符。外廓尺寸参数公差允许范围，注册登记查验时对汽车（三轮汽车除外）、挂车为±1%或±50mm，对其他机动车为±3%或±50mm。其他情况查验时，对汽车（低速汽车除外）、挂车为±2%或±100mm，对其他机动车为±3%或±100mm；2014 年 12 月 1 日之前注册登记的挂车，外廓尺寸参数公差为±3%或±100mm的，不应视为不符合要求。 　　测量外廓尺寸参数时，应考虑允许自行加装的部件及变更使用性质拆除标志灯具对测量结果的影响。 　　判定车辆外廓尺寸参数是否在公差允许范围内时，应考虑测量误差。 　　发现安全技术检验合格证明（或测试报告）记载的测试结果与实车外廓尺寸等参数明显不一致的，不予采信测试结果，按规定予以处罚并通报相关行业主管部门。 　　注：GB 1589—2016 国家标准规定了测量车辆长、宽、高时不计入测量范围的部件
《机动车运行安全技术条件》（GB 7258—2017）	4.2	汽车、挂车及汽车列车的外廓尺寸应符合GB 1589 的规定

14 整备质量

1 查验要求

对于申请办理注册登记、转入、转移登记、变更迁出、更换车身或者车架、因质量问题更换整车的总质量大于750kg的挂车，查验整备质量。

2 查验方法

比对机动车安全技术检验合格证明或其他具备资质的机构出具的测试报告上记载的测试结果。

3 合格要点

实车整备质量与《公告》、机动车整车出厂合格证明等凭证、技术资料记载的整备质量的误差应符合管理规定［注册登记查验时按现行国家标准《汽车、挂车及汽车列车外廓尺寸、轴荷及质量限值》、现行国家标准《机动车安全技术检验项目和方法》（GB 21861）规定执行］；误差符合管理规定且总质量符合现行国家标准《汽车、挂车及汽车列车外廓尺寸、轴荷及质量限值》（GB 1589）的，按照相关凭证、技术资料核定载质量。

4 标准依据

涉及整备质量查验标准见下表。

涉及整备质量查验标准

名 称	章节	条 款
《机动车查验工作规程》（GA 801—2019）	4.1.2	对申请注册登记的机动车，应查验整备质量
	附录A 表A.1.12	对所有货车、货车底盘改装的专项作业车和总质量大于750kg的挂车，以及带驾驶室的正三轮摩托车，比对机动车安全技术检验合格证明或其他具备资质的机构出具的测试报告上记载的测试结果，实车整备质量与《公告》、机动车整车出厂合格证明等凭证、技术资料记载的整备质量的误差应符合管理规定（注册登记查验时按GB 21861规定执行）；误差符合管理规定且总质量也符合GB 1589的，按照相关凭证、技术资料核定载质量。 判定整备质量误差是否符合管理规定时，应考虑测量误差。辖区内转移登记查验时，确认车辆无非法改装情形且最近一次安全技术检验的轴荷等相关数据正常的，视为合格。 发现安全技术检验合格证明（或测试报告）记载的测试结果与实车整备质量明显不一致的，不予采信测试结果，按规定予以处罚并通报相关行业主管部门

四、查验内容

续上表

名　　称	章节	条　　款
《机动车运行安全技术检验项目和方法》（GB 21861—2014）	6.3.3	注册登记检验时，机动车的整备质量应与机动车产品公告、机动车出厂合格证相符，且误差满足：重中型货车、挂车、专项作业车不超过±3%或±500kg，轻微型货车、专项作业车不超过±3%或±100kg，低速汽车不超过±5%或±100kg，摩托车不超过±10kg。
《机动车安全技术检验项目和方法》（GB 38900—2020）	6.8.1	注册登记安全检验时，机动车的整备质量应与机动车产品公告、机动车出厂合格证相符，且误差满足：重中型货车、重中型专项作业车、重中型挂车不超过±3%或±500kg，轻微型货车、轻微型挂车、轻微型专项作业车不超过±3%或±100kg，三轮汽车不超过±5%或±100kg，摩托车不超过±10kg

15 防抱制动装置

1 查验要求

对于申请办理注册登记、转入、转移登记、变更迁出、更换车身或者车架、变更使用性质、因质量问题更换整车的总质量大于10000kg的挂车及2018年1月1日起出厂的总质量大于3500kg且小于或等于10000kg的挂车，查验防抱制动装置。

2 查验方法

实车查看半挂车，确认机动车是否安装了防抱制动装置。

3 合格要点

要点一： 挂车安装符合规定的防抱制动装置。
要点二： ABS自检功能正常。

4 常见不合格情形

未安装防抱制动装置。

5 标准依据

涉及防抱制动装置查验标准见下表。

涉及防抱制动装置查验标准

名　称	章节	条　款
《机动车查验工作规程》（GA 801—2019）	4.1.2	对申请注册登记的机动车，应查验防抱制动装置
	附录A 表A.1.24	防抱制动装置：半挂牵引车，总质量大于 10000kg 的挂车，专用校车，车长大于 9 m 的公路客车和旅游客车，2012 年 9 月 1 日起出厂的所有危险货物运输货车和 2013 年 9 月 1 日起出厂的车长大于 9m 的未设置乘客站立区的公共汽车，2014 年 9 月 1 日起出厂的总质量大于或等于 12000kg 的货车和专项作业车（五轴及五轴以上专项作业车除外），2015 年 7 月 1 日起出厂的发动机中置的乘用车，2018 年 1 月 1 日起出厂的其他客车、乘用车、总质量大于 3500kg 且小于 12000kg 的货车和专项作业车、总质量大于 3500kg 且小于或等于 10000kg 的挂车，以及 2019 年 1 月 1 日起出厂的总质量小于或等于 3500kg 的货车和专项作业车，均应安装符合规定的防抱制动装置，且防抱制动装置的自检功能应正常

四、查验内容

续上表

名　　称	章节	条　　款
《机动车运行安全技术条件》（GB 7258—2017）	7.2.12	所有汽车（三轮汽车、五轴及五轴以上专项作业车除外）及总质量大于3500kg的挂车应装备符合规定的防抱制动装置。总质量大于或等于12000kg的危险货物运输货车还应装备电控制动系统（EBS）

16 盘式制动器

1 查验要求

对于申请办理注册登记、转入、转移登记、变更迁出、更换车身或者车架、变更使用性质、因质量问题更换整车的2019年1月1日起出厂的危险货物运输半挂车及2020年1月1日起出厂的三轴栏板式和仓栅式半挂车，查验是否装备了盘式制动器。

2 查验方法

实车查看车轮是否安装了盘式制动器。

3 合格要点

所有车轮均安装盘式制动器。

4 标准依据

涉及盘式制动器查验标准见下表。

涉及盘式制动器查验标准

名　　称	章节	条　　款
《机动车查验工作规程》（GA 801—2019）	4.1.2	对申请注册登记的机动车，应查验盘式制动器
	附录A 表A.1.24	盘式制动器：2013年5月1日起出厂的专用校车，2012年9月1日起出厂的车长大于9m的其他客车（未设置乘客站立区的公共汽车除外）和所有危险货物运输货车，以及2013年9月1日起出厂的车长大于9m的未设置乘客站立区的公共汽车，其前轮应装备盘式制动器。2019年1月1日起出厂的危险货物运输半挂车及2020年1月1日起出厂的三轴栏板式和仓栅式半挂车，其所有车轮均应装备盘式制动器
《机动车运行安全技术条件》（GB 7258—2017）	7.2.6	汽车（三轮汽车除外）、摩托车（边三轮摩托车除外）、挂车（总质量不大于750kg的挂车除外）的所有车轮应装备制动器。其中，所有专用校车和危险货物运输货车的前轮和车长大于9m的其他客车的前轮，以及危险货物运输半挂车、三轴的栏板式和仓栅式半挂车的所有车轮，应装备盘式制动器